DES DROITS

DU

CONJOINT SURVIVANT

(Loi du 9 mars 1891)

PAR

M. F. BŒUF

Répétiteur de Droit

Prix: 75 centimes

PARIS

L. LAROSE ET FORCEL, ÉDITEURS

22, RUE SOUFFLOT, 22

1891

DES DROITS

DU

CONJOINT SURVIVANT

(Loi du 9 mars 1891)

PAR

M. F. BŒUF

Répétiteur de Droit

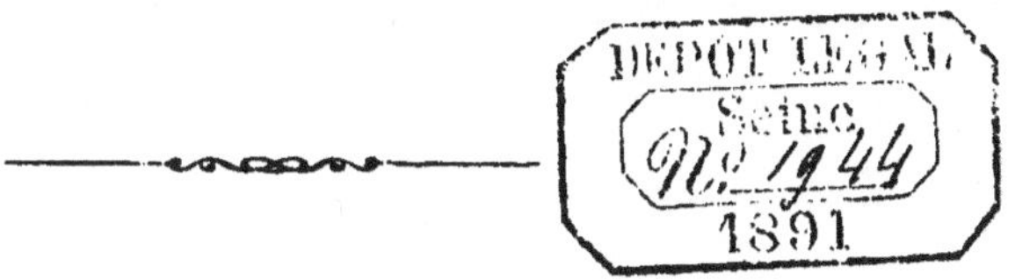

PARIS

L. LAROSE ET FORCEL, ÉDITEURS

22, RUE SOUFFLOT, 22

1891

LOI qui modifie les droits de l'époux sur la succession de son conjoint prédécédé (art. 767 et 205 du code civil).

Le Sénat et la Chambre des députés ont adopté,

Le Président de la République promulgue la loi dont la teneur suit :

Art. 1er. — L'article 767 du code civil est ainsi modifié :

« Art. 767. — Lorsque le défunt ne laisse ni parents au degré successible, ni enfants naturels, les biens de sa succession appartiennent en pleine propriété au conjoint non divorcé qui lui survit et contre lequel n'existe pas de jugement de séparation de corps passé en force de chose jugée.

« Le conjoint survivant non divorcé qui ne succède pas à la pleine propriété, et contre lequel n'existe pas de jugement de séparation de corps passé en force de chose jugée, a, sur la succession du prédécédé, un droit d'usufruit qui est :

« D'un quart, si le défunt laisse un ou plusieurs enfants issus du mariage ;

« D'une part d'enfant légitime le moins prenant, sans qu'elle puisse excéder le quart, si le défunt a des enfants nés d'un précédent mariage ;

« De moitié dans tous les autres cas, quels que soient le nombre et la qualité des héritiers.

« Le calcul sera opéré sur une masse faite de tous les biens existant au décès du *de cujus*, auxquels seront réunis fictivement ceux dont il aurait disposé, soit par acte entre vifs, soit par acte testamentaire au profit de successibles, sans dispense de rapport.

« Mais l'époux survivant ne pourra exercer son droit que sur les biens dont le prédécédé n'aura disposé ni par acte entre vifs, ni par acte testamentaire, et sans préjudicier aux droits de réserve ni aux droits de retour.

« Il cessera de l'exercer dans le cas où il aurait reçu du défunt des libéralités, même faites par préciput et hors part, dont le montant atteindrait celui des droits que la présente loi lui attribue, et, si ce montant était inférieur, il ne pourrait réclamer que le complément de son usufruit.

« Jusqu'au partage définitif, les héritiers peuvent exiger, moyennant sûretés suffisantes, que l'usufruit de l'époux survivant soit converti en une rente viagère équivalente. S'ils sont en désaccord, la conversion sera facultative pour les tribunaux.

« En cas de nouveau mariage, l'usufruit du conjoint cesse s'il existe des descendants du défunt. »

Art. 2. — L'article 205 du code civil est ainsi modifié :

« Art. 205. — Les enfants doivent des aliments à leurs père et mère ou autres ascendants qui sont dans le besoin. La succession de l'époux prédécédé en doit, dans le même cas, à l'époux survivant. Le délai pour les réclamer est d'un an à partir du décès et se prolonge, en cas de partage, jusqu'à son achèvement.

« La pension alimentaire est prélevée sur l'hérédité. Elle est supportée par tous les héritiers et, en cas d'insuffisance, par tous les légataires particuliers, proportionnellement à leur émolument.

« Toutefois, si le défunt a expressément déclaré que tel legs sera acquitté de préférence aux autres, il sera fait application de l'article 927 du code civil.

Art. 3. — La présente loi est applicable à toutes les colonies où le code civil a été promulgué.

La présente loi, délibérée et adoptée par le Sénat et par la Chambre des députés, sera exécutée comme loi de l'Etat.

Fait à Paris, le 9 mars 1891.

CARNOT.

DES DROITS

CONJOINT SURVIVANT

Notions historiques.

D'après le Code civil, quand le défunt ne laissait ni parents au degré successible, ni enfants naturels, les biens de sa succession appartenaient au conjoint non divorcé qui lui avait survécu (ancien art. 767).

Il en résultait que le conjoint ne venait à la succession qu'à défaut de parents soit légitimes, soit même naturels du défunt (1). Il n'était préféré qu'à l'État.

Cette rigueur du Code civil était une atteinte à la dignité du mariage, en même temps qu'elle était contraire à l'intention présumée du défunt.

(1) Si le défunt était un enfant naturel reconnu, son conjoint ne lui succédait également qu'à défaut de ses père et mère naturels et de ses frères et sœurs naturels ou descendants d'eux, conformément aux articles 765 et 766.

Elle était d'autant plus inexplicable qu'elle était un oubli des traditions du passé.

En effet, dans les pays de droit écrit, on avait emprunté à la législation de Justinien la *quarte* du conjoint pauvre qu'on attribuait même au mari.

Dans les pays de droit coutumier, on accordait à la femme survivante un *douaire*, sorte d'usufruit destiné à assurer sa subsistance et qui portait sur les biens que le mari possédait au jour du mariage ou qu'il avait recueillis depuis par succession ou donation en ligne directe.

Notre droit intermédiaire attribuait à l'époux survivant qui était dans le besoin un droit de jouissance dont la quotité devait être réglée par un conseil de famille, suivant la qualité des parents du *de cujus*.

Le système d'exclusion du Code, qui n'appelait le conjoint à la succession qu'à défaut de parents, est dû, paraît-il, à une erreur et à une confusion du législateur. En effet, lors de la discussion de la loi des successions, Malleville avait réclamé en faveur du conjoint ; mais Treilhard répondit que déjà l'article du projet, devenu l'article 754, accordait au conjoint survivant l'usufruit du tiers des biens de l'époux prédécédé.

C'était une erreur, car ce n'est pas au conjoint, mais au père *ou* à la mère du *de cujus*, en concours avec des collatéraux ordinaires de l'autre ligne, que l'article 754 accorde l'usufruit du tiers de la portion échue à ces collatéraux.

— Quoi qu'il en soit, on demandait depuis longtemps que le conjoint fût mieux traité et qu'il pût avoir, même en concours avec les parents du *de cujus*, sinon une part dans la propriété de ses biens, au moins un droit d'usufruit lui permettant de continuer, dans une certaine mesure, le genre de vie auquel il avait été associé avec son conjoint décédé.

Déjà quelques lois spéciales avaient amélioré la situation

du conjoint survivant et fait brèche au système rigoureux du Code (1).

Mais une réforme plus générale était réclamée.

En 1849 une proposition en fut faite à l'Assemblée nationale ; les événements de 1851 ne permirent pas de la discuter.

En 1872 la proposition fut reprise par M. Delsol, au Sénat. Les Facultés de droit, les Cours d'appel et la Cour de cassation furent appelées à donner leur avis.

A la suite de cette grande enquête, le Sénat vota, en 1877, un projet de loi qui, après plusieurs renvois et des remaniements successifs par les deux Chambres, aboutit enfin à la loi actuelle du 9 mars 1891.

(1) La loi du 9 juin 1853 sur les pensions civiles accorde à la veuve une fraction de la pension due à son mari, pourvu que la séparation de corps n'ait pas été prononcée contre elle (art. 13).

La loi du 14 juillet 1866, sur les droits des héritiers et ayants cause des auteurs, en portant à 50 ans, à partir du décès, la durée des droits accordés aux héritiers, successeurs irréguliers, donataires ou légataires des auteurs, compositeurs ou artistes, confère, pendant cette période, au conjoint survivant, la jouissance des droits dont l'auteur prédécédé n'a pas disposé par acte entre-vifs ou par testament. Toutefois si l'auteur laisse des héritiers à réserve, cette jouissance est réduite, au profit de ces héritiers, suivant les proportions et distinctions établies par les articles 913 et 915 du Code civil. En outre, cette jouissance n'a pas lieu quand il existe, au moment du décès, une séparation de corps prononcée contre le conjoint et elle cesse au cas où le conjoint contracte un nouveau mariage (art. 1).

La loi du 25 mars 1873, sur la condition des déportés à la Nouvelle-Calédonie, décide qu'en cas de mort d'un déporté, ne laissant ni enfants légitimes, ni autres descendants, la veuve, si elle habitait avec son mari, succédera à la moitié en pleine propriété, tant de la concession que des autres biens acquis par le déporté dans la colonie, et qu'en cas d'existence d'enfants légitimes ou autres descendants, le droit de la femme sera d'un tiers en usufruit (art. 13).

Législation actuelle

(*Loi du* 9 *mars* 1891).

La nouvelle loi de 1891 contient deux dispositions : l'une modifiant l'article 767 du Code civil, à l'effet d'étendre le droit successoral du conjoint par l'attribution d'un droit d'usufruit sur les biens de l'époux prédécédé ; l'autre, modifiant l'article 205 du même Code, à l'effet de lui accorder, au besoin, sur la succession, une pension alimentaire.

1. MODIFICATION DE L'ARTICLE 767. DROITS DE SUCCESSION DU CONJOINT. — D'après le nouvel article 767, tel qu'il a été modifié par l'article 1er de la loi de 1891, il faut, pour apprécier les droits de succession du conjoint, distinguer deux hypothèses :

1° Le défunt ne laisse ni parents au degré successible, ni enfants naturels (1). Dans cette hypothèse, qui était celle prévue par l'ancien article 767, la nouvelle loi maintient la règle du Code civil et décide que les biens de la succession appartiennent en *pleine propriété* au conjoint *non divorcé* qui lui survit ; mais la nouvelle loi exige, en outre, qu'il n'existe pas *contre* ce conjoint survivant de *jugement de séparation de corps* passé en force de chose jugée.

2° Le défunt laisse des parents légitimes ou naturels. Dans cette hypothèse, la nouvelle loi accorde au conjoint non divorcé et sous la condition également qu'il n'existe pas contre lui de jugement de séparation de corps passé en

____

(1) Il faut ajouter : ni père et mère naturels, ni frères ou sœurs naturels ou descendants d'eux (art. 765 et 766).

force de chose jugée, un *droit d'usufruit* dont la quotité varie suivant la qualité des héritiers laissés par le défunt. Cette quotité est :

D'un *quart*, si le défunt laisse un ou plusieurs enfants issus du *mariage* ;

D'une *part d'enfant* légitime le moins prenant, sans qu'elle puisse excéder le quart, si le défunt a des enfants nés d'un *précédent* mariage (1).

De *moitié*, dans tous les autres cas, quels que soient le nombre et la qualité des héritiers (2).

(1) C'est la même quotité que celle qui peut être laissée en *pleine propriété* à un nouveau conjoint, par donation ou testament (voir art. 1098).

(2) Ainsi quand le défunt laisse : soit ses père et mère ou autres ascendants, soit des collatéraux privilégiés (frères, sœurs ou descendants d'eux), soit des collatéraux ordinaires, soit même des enfants *naturels* reconnus ou ses père et mère naturels, ou ses frères et sœurs naturels et leurs descendants (art. 765 et 766), dans tous ces cas, la loi accorde au conjoint la moitié en usufruit.

Il y a, toutefois, une hypothèse particulière qui présente une difficulté. Quand le défunt laisse son père ou sa mère dans une ligne et, dans l'autre ligne, des collatéraux ordinaires, non privilégiés (c'est-à-dire, autres que frères ou sœurs et leurs descendants) nous savons que, d'après l'article 754, le père ou la mère recueille la moitié des biens revenant à sa ligne et qu'en outre il a l'usufruit du tiers de l'autre moitié attribuée aux collatéraux de l'autre ligne. Dans ce cas, sur quels biens s'exercera l'usufruit de moitié accordé au conjoint survivant? Le Sénat avait proposé que l'usufruit du conjoint et celui du père ou de la mère ne pussent s'exercer que l'un après l'autre et que la préférence fût accordée à celui du conjoint; de telle sorte que l'usufruit du père ou de la mère ne devait s'exercer qu'après l'extinction de celui du conjoint. Mais la Chambre des députés et, après elle, le Sénat, ont rejeté cette disposition et il résulte des rapports faits aux deux Chambres que l'usufruit du conjoint et celui du père ou de la mère doivent s'exercer *simultanément* ; de telle sorte que la *part* des collatéraux sera grevée d'un double droit d'usufruit : 1° pour un tiers, au profit du père ou de la mère, 2° pour moitié, au profit du conjoint (par suite, des cinq sixièmes) et que la *part* du père ou de la mère sera grevée, à son tour, d'un usufruit de moitié.

Sur quels bien doit se calculer la quotité du droit d'usufruit attribué au conjoint et sur quels biens cet usufruit doit-il s'exercer ?

D'après le système proposé par le Sénat, ce n'était que sur les biens existant au décès, dans la succession *ab intestat*, que devait à la fois se calculer et s'exercer la quotité du droit.

D'après le système adopté par la Chambre des députés, la masse des biens sur laquelle devait se calculer et s'exercer le droit d'usufruit devait, conformément au droit commun, comprendré les biens existant au décès et ceux qui étaient soumis à un rapport de la part des successibles.

Le législateur a définitivement adopté un système *mixte*.

Le calcul s'opère sur une masse de tous les biens existant au décès du *de cujus*, auxquels on réunit *fictivement* ceux dont il aurait disposé, soit par acte *entre-vifs*, soit par acte *testamentaire*, au profit de successibles qui n'auraient pas été dispensés du rapport.

Mais l'époux survivant ne peut exercer son droit que *sur les biens* dont le prédécédé n'a disposé ni par acte *entre-vifs*, ni par acte *testamentaire* et sans préjudicier aux droits de réserve, ni aux droits de retour.

Ainsi l'*assiette* de la quotité du droit d'usufruit accordé au conjoint, porte sur deux éléments : 1° les biens existant au décès dans la succession *ab intestat*; 2° ceux donnés ou légués à des successibles et qui sont sujets au rapport, d'après le droit commun ; mais l'*émolument* ou le *profit* à retirer de cette quotité ainsi déterminée ne peut être réclamé que sur le premier élément, les biens existant au décès, qui, seuls, forment ainsi le gage sur lequel le droit du conjoint peut être exercé.

Par exemple : le *de cujus* a donné ou légué, sans préciput, à ses frères ou sœurs, des biens d'une valeur de 100 et il laisse, en outre, dans sa succession *ab intestat*, des biens d'une valeur de 20. La moitié d'usufruit, attribuée par la loi au conjoint, se calcule sur les 20 laissés au décès, auxquels on réunit les 100 donnés ou légués et qui sont rapportés fictivement par les frères et sœurs, successibles du défunt. Elle porte ainsi sur une valeur totale de 120 et se trouve, dès lors, fixée à 60 ; mais le conjoint ne pourra exercer son droit que sur les 20 restant au décès.

Par suite de la règle en vertu de laquelle le conjoint n'est admis à exercer son droit d'usufruit que sur les biens existant au décès et dont le *de cujus* n'a pas disposé, il arrivera souvent que ce droit sera illusoire.

Il suffit, en effet, au *de cujus*, de léguer tous ses biens soit à des étrangers, soit même à ses successibles, pour que le conjoint soit écarté de la succession ; mais c'est logique, car le conjoint n'est pas un héritier à réserve, et en disposant de tous ses biens sans rien laisser à son conjoint, le *de cujus* manifeste clairement son intention de le priver de tout droit de succession.

Même dans le cas où le *de cujus* n'aurait pas disposé de tous ses biens, le droit d'usufruit attribué à son conjoint pourrait être anéanti ou considérablement réduit, si les biens existant au décès et formant la succession *ab intestat* étaient absorbés en totalité ou en partie par des héritiers à réserve (descendants ou ascendants) ou par ceux auxquels la loi accorde un droit de retour légal ou successoral, dans les cas prévus par les articles 351, 352, 747, 766. C'est à cette situation que fait allusion le législateur, lorsqu'il décide que, sur les biens dont le prédécédé n'aura disposé ni par acte entre-vifs, ni par acte testamentaire, l'époux survivant ne pourra exercer son droit d'usufruit au *préjudice* des droits de *réserve* ou des droits de *retour* (1).

(1) Il résulte des rapports faits à la Chambre des députés et au Sénat que l'on considère également comme une réserve à laquelle

La loi n'ayant eu pour but que de conférer au conjoint un droit de succession en conformité des intentions présumées du défunt, n'avait plus à pourvoir à sa situation, lorsque le défunt l'avait assurée déjà par des libéralités équivalentes. Elle décide, en conséquence, que l'époux ne pourra exercer son droit, lorsqu'il aura reçu du défunt des libéralités, même faites par *préciput* et *hors part*, et dont le montant *atteindrait* celui qui lui est attribué ; mais que si ce montant est inférieur, il pourra réclamer le *complément* de son usufruit. L'idée qui semble avoir inspiré le législateur de 1891, c'est que l'époux survivant ne puisse cumuler son droit successoral avec les libéralités à lui faites (1).

Conversion de l'usufruit en rente viagère. — Afin de faciliter aux héritiers la liquidation et le partage de la succession et en même temps la libre disposition de leurs biens, la loi, à l'exemple du Code italien, leur permet d'exiger, moyennant des sûretés suffisantes, que l'usufruit de l'époux

l'usufruit du conjoint ne pourrait faire obstacle, le droit accordé à l'enfant naturel par l'art. 761 de compléter la moitié des droits successifs à laquelle il aurait été réduit par son père ou sa mère.

(1) Nous comprenons très bien que l'époux soit, comme tout héritier, soumis au rapport et qu'il ne puisse cumuler, quand le *de cujus* ne l'a pas expressément déclaré, sa qualité de donataire ou légataire avec celle de successeur *ab intestat*. Mais pourquoi lui défendre de cumuler, avec son droit successoral d'usufruit, une libéralité qui lui a été expressément faite par *préciput*, si cette libéralité jointe à son droit d'usufruit ne dépasse pas la quotité disponible entre époux ?

Ainsi l'époux qui laisse des enfants issus de son mariage a pu donner à son conjoint un quart en pleine propriété et un quart en usufruit ou la moitié de ses biens en usufruit seulement (art. 1094). Or, quand un époux aura légué, dans ce cas, à son conjoint, un quart en usufruit, par *préciput*, la loi décide que le conjoint ne peut réclamer le quart d'usufruit qu'elle lui attribue à titre d'héritier ou de successeur. Le legs ne lui confère alors aucun avantage et les mots : *préciput* ou *hors part* se trouvent n'avoir pas de sens.

survivant soit converti en une rente viagère équivalente. Ce droit peut être exercé jusqu'au partage définitif que l'époux lui-même, du reste, a la faculté de provoquer. En cas de désaccord entre les héritiers qui, seuls, ont le droit de demander cette conversion, les tribunaux décident si elle doit ou non avoir lieu et en fixent, au besoin, les conditions.

Déchéance du droit d'usufruit. — Dans le cas d'un nouveau mariage du conjoint survivant, son droit d'usufruit cesse, mais seulement s'il existe des *descendants* du défunt, et il en faut dire autant de la rente viagère qui l'aurait remplacé. Il n'y a pas à distinguer, comme le fait l'art. 386, quand il s'agit de l'usufruit légal du père ou de la mère sur les biens de ses enfants mineurs, si c'est l'homme ou la femme qui contracte un nouveau mariage. La déchéance est encourue pour l'homme aussi bien que pour la femme qui se remarie. La loi n'a pas voulu qu'au détriment des descendants du défunt, l'usufruit, qui n'est point alors un attribut de la puissance paternelle, puisse enrichir une autre famille.

II. Modification de l'article 205. — Pension alimentaire du conjoint survivant. — Il peut se faire, ainsi que nous l'avons vu, que l'époux survivant soit, en fait, privé en tout ou en partie, de l'usufruit que la loi lui accorde à titre de droit successoral, notamment à la suite de libéralités faites par le défunt. En prévision de ce résultat et afin de compléter sa réforme, le législateur a cru devoir accorder à l'époux survivant qui serait dans le *besoin*, le droit à une pension alimentaire sur la succession de son conjoint prédécédé.

A cet effet, l'article 2 de la loi du 9 mars 1891, modifiant l'article 205 du Code civil, décide que la succession de l'époux prédécédé doit des aliments à l'époux survivant qui est dans le *besoin*.

Mais le délai pour les réclamer n'est pas indéfini; il est limité à un an à partir du décès; et il se prolonge, en cas de partage, jusqu'à son achèvement.

Ces aliments sont une *dette de la succession* et si la quotité de la dette dépend sans doute de l'importance et de la valeur des biens dont la succession se compose, elle est indépendante du nombre et de la qualité des héritiers, car cette dette est une charge de l'hérédité considérée dans son ensemble et non une dette personnelle aux héritiers.

Aussi le nouvel article 205 dispose-t-il que la pension alimentaire est prélevée sur l'*hérédité* (1). Toutefois elle est due d'abord par les héritiers ou légataires universels ou à titre universel qui, d'après le droit commun, doivent contribuer au paiement des dettes (art. 870 et 871); mais si les biens revenant aux héritiers ou successeurs universels sont insuffisants, elle est supportée par tous les légataires particuliers, proportionnellement à leur émolument. Néanmoins, si le défunt avait expressément déclaré que tel legs doit être acquitté de préférence aux autres, on respecterait sa volonté et, par application de l'article 927 du Code civil, on ferait supporter la dette alimentaire d'abord par les autres legs et subsidiairement, en cas d'insuffisance, par le legs qui devait avoir la préférence sur les autres.

— Il est bon d'observer, avec M. Delsol, le rapporteur de la loi au Sénat, que la réforme générale introduite par la loi du 9 mars 1891 relativement aux droits de l'époux survivant, est indépendante de l'application des lois spéciales

---

(1) La Chambre des députés avait proposé que le *capital* nécessaire au service de la pension alimentaire fût prélevé sur l'hérédité. Mais on a observé qu'un tel prélèvement serait souvent difficile à réaliser et que la pension alimentaire serait suffisamment garantie par le droit qu'aurait le conjoint de demander la séparation des patrimoines et par l'inscription du privilège dont parle l'art. 2111 du Code civil.

dont nous avons parlé précédemment: *généralia specia-
libus non derogant.*

———

Cette loi de 1891, comme le disait M. Delsol au Sénat,
marque « un heureux et notable progrès dans notre lé-
« gislation civile, car elle sauvegarde, dans la personne de
« l'époux survivant, l'honneur et la dignité du mariage ».
Mais il est à craindre qu'elle n'amène des complications et
des embarras dans les liquidations de succession et qu'elle
ne soit une source de difficultés et de procès, surtout à
l'occasion de la conversion du droit d'usufruit en rente
viagère et des estimations auxquelles l'usufruit pourra
donner lieu dans une foule d'autres cas. Il nous semble que
le droit de réclamer, en cas de besoin, une pension alimentaire, sur la succession de l'époux prédécédé, était
suffisant pour sauvegarder la situation du conjoint.

Paris. — Typ. A. DAVY, 52, rue Madame. — Téléphone. — 8199

Paris. — Typographie A. DAVY, 52, rue Madame. — *Téléphone*